Kommt, wir gehn nach Bethlehem

DIVVS AVGVSTVS PATER

Margot Bickel
Hermine Müller

Kommt, wir gehn nach Bethlehem

Herder Freiburg · Basel · Wien

CHAH

Das Land Galiläa, hügelig und dicht bewaldet, war ein wunderschönes Fleckchen Erde. Es war fruchtbar und reich mit Wasser gesegnet. In einer Talsenke des südgaliläischen Berglandes lag die kleine Stadt Nazareth. Die Häuser dieses Städtchens waren einfach und nicht sehr groß. Sie waren meist blockartig gebaut aus Lehm, mit Kalk geweißt und hatten nur wenige Fenster. Oft gab es nur eine Tür, und der große Raum im Innern des Hauses war geteilt: eine Hälfte für die Familie und die andere Hälfte für das Vieh. Aber von jedem Haus führte eine Treppe auf das niedere Dach. Dort oben wurde die Wäsche getrocknet, genossen die Hausbewohner die laue Luft, und in heißen Sommernächten schlief man statt im Haus auf dem Dach unter dem Sternenhimmel.

Am großen, nie versiegenden Brunnen trafen sich Tag für Tag die Mädchen und Frauen. Dort schöpften sie das Wasser und trugen es in Krügen oder in Ziegenbälgen in ihre Häuser. Der Brunnen war sehr tief, und es war schwere Arbeit, das Wasser in Schöpfeimern heraufzuziehen.

In Nazareth lebte auch Maria. Ein junges, schönes Mädchen, mit großen dunklen Augen. Auch sie lief jeden Tag zum Brunnen, traf dort ihre Freundinnen und Nachbarinnen, freute sich mit ihnen und teilte mit ihnen ihre großen und kleinen Sorgen. Aber immer häufiger war Maria selbst der Mittelpunkt, um den sich die Gespräche am Brunnen drehten. Denn Maria, die Verlobte von Josef, einem Zimmermann aus Nazareth, sollte bald heiraten. Und da gab es jeden Tag genug zu fragen, zu besprechen und zu träumen. Maria hatte Josef lieb, und sie freute sich auf den großen Festtag. Und dann sollte doch alles ganz anders kommen!

Eines Abends saß Maria alleine im elterlichen Haus. Die Stille der nahenden Nacht lag über Nazareth und erfüllte auch das Haus Marias. Schafe und Ziegen ließen ihre Rufe in der Abenddämmerung hören, Geräusche, die vertraut waren und ein Gefühl der Geborgenheit gaben.

Plötzlich fiel ein Lichtschein herein. Warmes, helles Licht verbreitete sich, als entzünde jemand eine Kerze mitten in der Dunkelheit. Maria hob erschrocken den Kopf.

Ein Blick aus hellen, strahlenden Augen umfing Maria. Da sprach der Engel mit leiser Stimme zu ihr: „Freue dich, du bist mit der Gnade Gottes erfüllt, und der Herr ist mit dir!“ Maria schaute den Engel an, verstand aber seine Worte nicht. Da nahm der Engel ihre Hand: „Fürchte dich nicht, Maria, denn Gott hat dich auserwählt! Du wirst ein Kind empfangen, einen Sohn wirst du gebären: dem sollst du den Namen Jesus geben. Er wird groß sein und Sohn Gottes genannt werden. Er wird in Liebe über alle Menschen herrschen, und seine Herrschaft wird kein Ende haben.“ Da fragte Maria: „Wie soll das geschehen?“

Der Engel antwortete: „Der Heilige Geist wird zu dir kommen, und die Kraft Gottes wird dich erfüllen. So wirst du empfangen. Deshalb wird auch das Kind heilig und Sohn Gottes genannt werden.“

Maria verbarg ihr Gesicht in den Händen und schwieg. Schließlich ließ sie ihre Arme sinken, breitete sie aus und sprach mit fester Stimme: „Ich bin die Magd des Herrn; mir geschehe, wie du es gesagt hast.“

Kurz darauf fand sich Maria wieder alleine. Der Engel hatte sie verlassen, das Licht war verschwunden, und die Dunkelheit der Nacht verbarg die Geschehnisse, das Geheimnis dieser Begegnung.

Wichtiges, Bedeutendes, Großes
geschieht in der Stille
im Verborgenen
im Geheimen

es geschieht
wo Menschen da sind
offen sind und sich bereit halten
einfach vertrauen

ein Wort hören
horchen
gehorchen und
ein Ja-Wort wagen

Maria –
sie war da und bereit
ließ sich bei ihrem Namen rufen
sie hörte

und sagte „ja“

Seit jenem geheimnisvollen Abend waren einige Wochen vergangen. Und wie der Engel es vorhergesagt hatte, geschah es: Maria wurde schwanger. Sie spürte und fühlte, wie unter ihrem Herzen ein neues Leben zu wachsen begann. Sie bekam ein Kind. Aber wie sollte sie das ihrem Verlobten erklären? Wird Josef zu ihr halten? Wird er sie verstehen, ihr glauben, ihr vertrauen? Wird er sie weiter lieben? All diese Fragen beschäftigten Maria, und sie hatte Angst, den Menschen zu verlieren, denn sie liebte. Und dennoch freute sie sich, Mutter zu werden. Sie strich oft mit ihren Händen über ihren Bauch, streichelte so ihr Kind, ertastete seine Bewegungen und gab sich der Freude hin, unter ihrem Herzen werdendes Leben zu tragen.

Aber der Tag kam, an dem Josef merkte, daß Maria ein Kind erwartete. Josef war verzweifelt und enttäuscht. Er war ja nicht der Vater! Hatte Maria ihn betrogen? Konnte es sein, daß sie sich für einen anderen Mann entschieden hatte?

Wie aber sollte Maria ihm erklären, daß das Kind, das sie erwartete, von Gott selbst stammte, daß dieses Kind der Sohn Gottes ist?

Der Engel, der auch Maria in jener geheimnisvollen Nacht die Botschaft überbracht hatte, besuchte eines Nachts Josef und sprach zu ihm. Er erklärte ihm das Geheimnis der Schwangerschaft von Maria, übertrug ihm die Verantwortung, für Maria und das Kind zu sorgen und ihnen treu zu sein.

Als Josef am Morgen nach dieser Begegnung mit dem Engel erwachte, kehrte er voll Liebe zu Maria zurück, nahm sie zu sich und sorgte für sie, als sei er selbst der Vater des Kindes, dessen Geburt immer näher rückte.

CHAHM

Treu sein
gerade dann
wenn es schwierig wird
wenn ich am liebsten davonlaufen würde
dann
da bleiben
Treue leben
den anderen lieben
zu ihm halten
gerade dann
wenn ich eigentlich
nichts mehr verstehe

Josef –
er war ein Mann der Treue
er hielt zu Maria
er liebte sie
er vertraute ihr
obwohl er vieles nicht verstand
aber er blieb
bei ihr
aus Liebe
aus Treue
Josef
glaubte

Ich brauche deine Hand
deine Nähe
dein Wort
dein Lächeln
dein Schweigen
deinen Blick
gemeinsam
können wir es schaffen
halten wir durch
ermutigen wir uns
trösten wir uns
gehen wir den Weg

bis ans Ziel

Ich brauche
deine Hand

Die Zeit der Geburt rückte immer näher. Josef und Maria lebten zurückgezogen und glücklich in Nazareth. Maria war mittlerweile im neunten Monat schwanger.

Aber ausgerechnet in jenen Tagen befahl Kaiser Augustus, daß jeder Einwohner des Reiches in seine Heimatstadt gehen müsse, um sich dort zu melden. Dieser Befehl diente der Erstellung von Steuerlisten und der Erfassung, wieviele Menschen in der kaiserlichen Provinz Syrien lebten.

Nun wohnte zwar Josef in Nazareth, aber er war nicht in Nazareth geboren, sondern in Bethlehem. Und darum mußte er über 100 Kilometer reisen, um sich in seiner Heimatstadt zu melden. Eine so große Reise war damals gefährlich, beschwerlich und alles andere als bequem – und dann noch zusammen mit einer hochschwangeren Frau. Aber es gab keine andere Möglichkeit, als zu gehorchen. Und so mußte sich Josef mit Maria auf den Weg nach Bethlehem machen, in das Land Judäa.

Also packte Josef so schnell wie möglich das Notwendige zusammen und rüstete sich mit Maria für die Reise. Und eines morgens brachen sie dann auf. Maria saß auf einem Esel, den Josef führte. Josef trug die wenigen Habseligkeiten, die sie besaßen, und die auf dem Esel keinen Platz mehr fanden. Der Weg führte sie über steiniges Gelände, durch trockene Steppen, Wüsten und über Berge und Hügel. Für Maria waren es sorgenvolle und schwere Tage. Würde dem Kind auch nichts passieren? Josef versuchte unermüdlich, Maria alle nur erdenklichen Erleichterungen zukommen zu lassen. Gegenseitig machten sie sich immer wieder Mut. Des Nachts bereitete Josef Maria mit Fellen und Decken ein möglichst bequemes Nachtlager. Er entzündete ein Feuer und bewachte ihren Schlaf.

Und sie schafften es, gerade zur rechten Zeit!

Nach langen, beschwerlichen und anstrengenden Tagen des Unterwegs-Seins kamen sie schließlich in Bethlehem an. Es war schon Abend, und in den Gassen und kleinen Straßen von Bethlehem wimmelte es von Menschen. Aus allen Teilen des Landes strömten die Leute zusammen, um sich in ihrer Geburtsstadt eintragen zu lassen.

Als Josef die überfüllten Straßen sah, befürchtete er bereits Schlimmes. Wie sollten sie hier schnell eine Unterkunft finden? Josef zog von Herberge zu Herberge, von Gaststätte zu Gaststätte, und bat um Unterkunft und Quartier. Aber überall erhielt er die gleiche Antwort: „Wir haben keinen Platz! Sucht woanders!" Immer und immer wieder sagte Josef, daß seine Frau kurz vor der Geburt stehe, aber die Herbergsleute und die Wirte hatten kein Erbarmen. Es war ihnen viel zu umständlich, ein Notquartier oder ein Behelfslager herzurichten: „Geht weg! Sucht woanders!"

Aber es blieb keine Zeit mehr zum Suchen. Maria spürte, daß mit jedem Augenblick die Geburt beginnen konnte. Schließlich entdeckte Josef eine kleine Herberge, bei der er noch nicht gefragt hatte. Er klopfte an die Tür. Er wiederholte noch einmal die Bitte um Quartier. Aber wieder erhielt er die Antwort: „Wir sind belegt! Sucht woanders!" Doch dazu hatten sie jetzt keine Zeit mehr. Josef bedrängte den Wirt solange, bis dieser endlich seinen Stall zur Verfügung stellte: „Bei meinem Ochsen könnt ihr übernachten, wenn es unbedingt sein muß!"

Der Stall war eine kleine Höhle. Es roch nach frischem Stroh, nach Schweiß von Tieren. In einer Ecke kauerte ein Ochse, der behäbig den Kopf hob, ein tiefes, langgezogenes Brummen erschallen ließ und Josef, Maria und den Esel mit großen Augen anstarrte. Josef befestigte die Stallaterne an einem Balken. Sie spendete warmes Licht und warf geheimnisvolle Schatten an die Steinwände. Dann richtete er ein Lager aus Stroh und Decken für Maria, und bereitete eine Krippe aus Stroh für das Kind, das jeden Moment geboren werden sollte. Als Josef all das getan hatte, verließ er eilends den Stall, um nach einer Frau zu suchen, die Maria bei der Geburt beistehen konnte. So blieb Maria ganz alleine im Stall zurück.

Josef kehrte mit einer Magd des Wirtes zurück. Es herrschte eine geheimnisvolle Spannung in diesem armseligen Stall in Bethlehem. Von den Straßen und Gassen drang das Schreien und Rufen der Menschen herüber. Die hellen Hufschläge von Eseln dröhnten herüber, Hunde bellten und heulten in der Ferne, das Meckern von Ziegen und das Blöken von Schafen durchdrang die Nacht. Aus den überfüllten Herbergen erklangen Gesänge und Streitereien. Die Nacht draußen vor dem Stall war voller Geräusche, voller Lärm.

Zur gleichen Stunde wurde in einem Stall ein Kind geboren. Diese laute und lärmende Nacht wurde zur heiligen Nacht: Jesus war geboren.

„Du wirst ein Kind empfangen, einen Sohn wirst du gebären: dem sollst du den Namen Jesus geben!" – Alles war geschehen, wie es der Engel vorhergesagt hatte. Gottes Sohn wurde Mensch. Gott kam als kleines Kind in die Welt, in einer Stadt, wo ihn niemand aufnehmen wollte, zu Menschen die ihn nicht erkannten. Als Kind kam Gott, still und unbemerkt. Niemand sollte vor ihm Angst haben.

Maria lag im Stroh und in ihren Armen hielt sie ihren neugeborenen Sohn, ihr Kind, Gottes Sohn. Josef saß bei Maria und sah sie und Jesus, das Kind, an. Liebe und Freude erfüllten sein Herz. Er konnte nichts sagen. Er wollte bei ihnen sein, da sein, ein Leben lang für sie sorgen, für dieses Kind Vater sein. So wachte er die ganze Nacht bei Maria und Jesus und dankte Gott für die geheimnisvollen und wunderbaren Geschehnisse dieser Nacht.

Jesus
der Sohn Gottes
geboren
in einem Stall
in Heu und Stroh

Maria
die Mutter Gottes
bereit
alle Wege mitzugehen
bedingungslos zu lieben

Josef
von Gott auserwählt
hat Wort gehalten
still und treu
er ist da

Zur selben Stunde lagerten Hirten in der Nähe von Bethlehem und hielten bei ihren Schafherden Nachtwache. Es war tiefe, dunkle Nacht. Die Schafe lagen eng beieinander und schliefen. Die Hunde, zusammengekauert, eingerollt, die Schnauzen unter ihren Schwänzen, schliefen ebenfalls. Am Lagerfeuer saßen die Hirten. Sie waren zur Nachtwache eingeteilt. Sie schwiegen, schauten versonnen ins Feuer. Sie lauschten in die Nacht oder schnitzten an ihren Stäben. In der Nähe des Feuers ruhten unter Decken und Fellen die anderen Hirten und schliefen fest. Das Feuer knisterte, Funken sprühten, wenn einer der Hirten frisches Holz auflegte. Es roch nach Rauch, nach Holz, nach Schafen und Hunden, nach Erde und Gras. Die Nachtluft war kalt, und je enger sie am Feuer zusammenrückten, desto mehr konnten sie sich gegenseitig wärmen.

Plötzlich begann das Feuer zu flackern, als käme starker Wind auf. Die Tiere der Herde wurden unruhig und wach, die Hunde fuhren erschrocken auf und winselten. Heller Glanz umstrahlte das Feld und erleuchtete die Nacht, als wäre hellster Tag. Die Hirten am Feuer sprangen auf, die anderen krochen benommen unter ihren Decken hervor und schauten verwirrt um sich. Alle hatten sie große Angst und fürchteten sich, denn keiner verstand, was eigentlich vor sich ging.

Da trat der Engel des Herrn zu ihnen und sprach: „Fürchtet euch nicht, denn ich verkünde euch eine große Freude, die dem ganzen Volk zuteil werden soll: Heute ist euch in Bethlehem der Retter geboren; er ist der Gesandte Gottes, der Messias, der Herr. Und das soll euch als Zeichen dienen: Ihr werdet ein Kind finden, das, in Windeln gewickelt, in einer Krippe liegt."

Einige der Hirten standen bei den Tieren, andere kauerten hinter Hecken und Büschen, wieder andere standen im freien Feld, und blickten staunend und sprachlos in die strahlenden Augen des Engels. Sie alle hatten die Botschaft vernommen: „Fürchtet euch nicht! Euch ist der Retter geboren!" Aber das Geschehen war noch zu unwirklich, zu geheimnisvoll, sie konnten noch gar nicht fassen, was um sie herum geschah.

Und plötzlich war bei dem Engel eine große himmlische Schar, die Gott lobte und rief: „Verherrlicht ist Gott in der Höhe und auf Erden ist Frieden, bei den Menschen seiner Gnade!"

Gleich darauf verließen die Engel die Hirten und kehrten in den Himmel zurück. Das Licht verschwand so plötzlich, wie es erschienen war. Die Nacht war wieder still und dunkel.

Für eine Weile verharrten die Hirten regungslos. Die Schafe blökten noch aufgeschreckt, die Hunde liefen unruhig umher, schnüffelten und suchten den Boden ab, um sich schließlich wieder in der Nähe des Feuers niederzulassen. Allmählich kamen auch wieder die Hirten zu sich.

„Hast du das gesehen?“
„Hast du je zuvor so einen Glanz erblickt?“
„Die Engel, die Engel des Himmels waren bei uns!“
„Gott hat uns eine Boschaft übersandt!
Uns, uns armen Hirten!“
„Uns ist der Retter geboren!“
„Und Frieden soll sein auf Erden!“

So riefen sie alle gleichzeitig und durcheinander, und sie brachen in hellen Jubel aus und tanzten vor Freude.

In der Nacht
völlig unerwartet
am Tag
wenn keiner daran denkt
kann es geschehen
daß alles
plötzlich
ganz anders wird
eine neue Zeit
anbricht
Frieden beginnt
alles
neu wird

wenn nur
Menschen
da sind
und
glauben

CHAHM

Und mitten in diesem Freudentaumel, im Singen und Tanzen, riefen sie: „Kommt, wir gehn nach Bethlehem, um das Ereignis zu sehen, das uns der Herr verkünden ließ!"

Sie ließen alles liegen und stehen und machten sich auf den Weg. Unruhe ergriff wieder die Herde und die Hunde. Einige Schafe trabten den Hirten einfach hinterher und die Hunde umsprangen übermütig die Hirten und zogen mit. So setzte sich dieser seltsame Zug der Hirten in Bewegung. Sie rannten und liefen immer schneller, je näher sie der Stadt Bethlehem kamen. Sie sprangen über Steine und Wurzeln, kleine Büsche und Sträucher und riefen sich immer wieder zu: „Kommt, wir gehn nach Bethlehem!"

Schließlich erkannten sie in der Ferne Bethlehem, und am Horizont kündigte sich der neue Morgen an. Die Hirten erreichten Bethlehem, und als würde eine unsichtbare Gestalt ihnen den Weg weisen, fanden sie den kleinen Stall.

Da standen sie nun, ganz außer Atem, vor der Stalltür. Die Hirten, einige Schafe und Lämmer und die Hunde. Den ältesten Hirten schoben sie nach vorn, und der klopfte zaghaft an die Holztüre. Aber sie warteten keine Antwort ab. Ihre Spannung, Freude und Ungeduld ließen sich nicht mehr zurückhalten. Vorsichtig und leise öffneten sie die Tür. Und sie fanden Maria und Josef und das Kind in der Krippe.

Als sie Jesus sahen, traten sie näher, fielen auf die Knie und priesen Gott. Maria und Josef blickten überrascht und erstaunt in die aufgeregten Gesichter der Hirten und wunderten sich über ihren Besuch. Da erzählten ihnen die Hirten, was sie in der Nacht erlebt hatten: „Engel sind zu uns gekommen, und verkündigten uns die Geburt dieses Kindes. Es ist unser Retter. Der Gesandte Gottes! Er bringt Frieden den Menschen, die guten Willens sind. Gott hat ihn uns geschenkt!" Und die Hirten knieten im Stall und beteten Jesus an. Einer blies auf seiner Flöte und huldigte mit seinem Spiel dem Kind.

Aus der Herberge eilten die Leute herbei und hörten staunend den Hirten zu. In diesem Stall war etwas Seltsames zu spüren: alle, die da waren, fühlten in ihrem Herzen Frieden und Freude und fühlten sich ganz nahe bei Gott. Sie beteten und priesen die Größe und Allmacht Gottes und seine Liebe zu den Menschen.

Maria aber schwieg. Sie bewahrte alles, was geschehen war, in ihrem Herzen und dachte darüber nach.

CHAHM

Schließlich kehrten die Hirten zu ihren Herden auf dem Feld in der Nähe von Bethlehem zurück. Sie waren noch ganz betroffen und berührt von dem, was sie erlebt hatten. Immer wieder dachten sie an Jesus, an das Kind in der Krippe, an ihren Erlöser, der in dieser Nacht geboren worden war. Sie rühmten und priesen Gott für das, was sie sehen und hören durften. Denn alles war so, wie es ihnen der Engel gesagt hatte.

Entdecken
daß die Welt
sich ändern kann
nichts muß so bleiben
wie es ist
wenn ich selbst
bereit bin
aufzubrechen
anzufangen
an Veränderungen
zu glauben
mich selbst
verändern
lasse

CHAHM

Jesus, Maria und Josef waren wieder allein. So vieles war geschehen in den letzten Wochen und Monaten. Viele schwere Stunden mußten Maria und Josef durchmachen nach dem Besuch des Engels bei Maria bis zu dieser heiligen Nacht, der Geburt im Stall zu Bethlehem. Waren all diese Geschehnisse überhaupt zu verstehen? Gott war da, in einem Kind! Gott war zu den Menschen gekommen, die ihn nicht erkannten, zu Menschen, die ihn in einen Stall abschoben. Gott war gekommen in Armut, nicht in Glanz und Reichtum, denn Gott wollte nicht, daß die Menschen erschrecken und sich vor ihm ängstigen. Gott war da! In Jesus wollte er mit diesen Menschen leben und für diese Menschen da sein. Ein unfaßbares Geheimnis der Liebe Gottes zu uns Menschen.

Ein ganz neues Leben hatte begonnen, und nicht nur für Maria und Josef, sondern für alle Menschen. Eine unbekannte Zukunft war schon angebrochen. Und nur Maria, Josef und die Hirten wußten zu dieser Stunde, wer Jesus war: der Sohn Gottes!

Die Heilige Familie, Jesus, Maria und Josef, stand am Anfang eines langen und weiten Weges: Jesus wollte den Menschen Liebe schenken, Frieden und Versöhnung. Er vollendete seinen Weg auf Golgotha in Jerusalem, und bis heute leben die Menchen durch ihn und aus allen seinen Worten, die er den Menschen schenkte. Und bis heute ist er bei uns und will uns immer nahe sein.

„Ehre sei Gott in der Höhe, und Friede auf Erden den Menschen seiner Gnade!“

Jesus ist geboren
Gott kommt als Kind
zu uns Menschen
als kleines Kind
fürchtet euch nicht

Jesus ist geboren
das Heil ist greifbar nah
für dich und mich
Gott läßt sich berühren
fürchtet euch nicht

Jesus ist geboren
ich will ihn anbeten
zu ihm gehen
bei ihm bleiben
ich fürchte mich

nicht mehr

Reproduktionen: rete, Grafische Kunstanstalt, Freiburg
Herstellung: Freiburger Graphische Betriebe 1986
ISBN 3-451-20826-1